KB183267

일러두기

이 책의 모든 주석은 옮긴이 주입니다.

요시타케 신스케

오늘도 무사히 퇴근했습니다

하야시 유지 글
양지연 옮김

김영사

프롤로그

어서 오세요!

수많은 자기 계발서 중에서 우연히 이 책을 집어 든, 자존감이 바닥인 당신. 오늘도 무사히 퇴근하고 싶은 당신. 기다리고 있었습니다. 걱정 마세요. 어려운 얘기는 1도 없으니까요. 하지만 회사라는 낯선 사회에 적응하기 위해 고군분투하고 있다면 이 책이 분명 든든한 길잡이가 되어 줄 겁니다.

하야시 유지입니다. 이 책의 글을 담당했습니다. 대학을 졸업하고 30년, 회사 네 곳을 옮겨 다니며 회사원으로 일했습니다. '비즈니스 캐주얼'의 의미를 모른 채 패딩을 입고 연수에 참가하기도 했고, 회사에서 지급해 준 휴대 전화를 바지 뒷주머니에 넣었다가 망가뜨려서 '재발 방지책: 뒷주머니에 넣지 말 것'이라고 시말서를 쓰기도 했습니다. 그렇게 좌

충우돌 회사 생활을 하며 깨달은, 직장인이 갖춰야 할 태도와 마인드, 소소한 지식을 정리했습니다. 신입 사원 연수에서도 여타의 자기 계발서에서도 가르쳐 주지 않는 핵심 팁만을 모았지요.

이 책의 그림은 그림책 작가 요시타케 신스케 씨가 맡았습니다. 회사 생활의 단맛, 쓴맛, 내밀한 속내를 유머 가득하지만 의미심장한 그림으로 표현했습니다.

이 책이 회사 생활의 숨통을 틔워 주는 무심하면서도 다정한 동료가 되기를 바랍니다.

차례

뭐…?
이런 게 회사 생활이라고?

1

January

새해 새 다짐, 의욕이 넘친다고 SNS에

신년 업무 계획 따위를 올리지 말자.

그래 놓고 시작도 하기 전에
의욕 상실.

친척들에게는 무슨 일을 하는지 수백 번 말해 줘도

기억 못 한다.

관심이 있다기보다 딱히 할 말이 없어
물어보는 거니 적당히 대답하면 된다.

오, 언제부터 일했냐?

1월 한 달만이라도 새해 새 다짐을

잊지 말기로 하자.

작심삼일이라 했으니 오늘 다시
신년 계획을 떠올리며 마음을 다진다.

사원증을 놓고 와서 사무실에 들어가지 못한 채

복도에서 서성대는 사람. 연휴 끝에 늘 보는 풍경.

심기일전, 가방을 바꿔서
사원증을 까먹고 왔다.

메모하라는 부탁을 받았을 때,

정말로 메모장을 건네면 곤란해진다.

어르신들은 A4 용지에 적은 것도
메모라고 부른다.

스탠딩 데스크, 의자 대신 짐볼 등 사무실 집기도

유행을 타지만 금방 사그라든다.

나중에 돌이켜보면 그때 왜 그랬나 싶음.

스탠딩 짐볼?

회사에선 되도록 캐릭터가 들어간 물건을 쓰지 않는다.

언제부터인가 캐릭터 이름으로 불리고 있다.

포켓몬 은영 씨랑
도라에몽 은영 씨가 있는데
어느 분 말씀이시죠?

애자일(agile)은 일단 뛰어,

뛰면서 생각한다는 뜻.

뛰면서 생각이 가능할까?

계단에서 땡땡이치고 있는데 부장님이

건강을 챙긴답시고 걸어 올라온다.

사내 연애 중에 계단에서
꽁냥꽁냥거리다 들키면 서로 거북하다.

소한(小寒)이 어쩌고 대한(大寒)이 어쩌고

절기마다 SNS에 감상을 장황하게 늘어놓지 않는다.

그럴 시간이 있으면 회사의
발전을 위해 써 주십시오.

상사가 "5분만 볼까?" 하고 불렀을 때

5분으로 끝나는 일은 없다.

조금이라도 새로운 부분이 있다면

이노베이티브(innovative)하다고 말해 본다.

회의실을 바꾸는 것도,
창문을 여는 것도 이노베이티브.

와우.

헤어 스타일 이노베이티브한걸?

화이트보드 한가운데에 키워드를 쓰고

가장자리를 향해 써 나간다.

중심에는 밸류(value) 같은
추상적인 단어를 적는다.
그러고 보니 주먹밥처럼 보이네.

건강 검진 받으러 갔을 때, 검진복을 입은 동료를 만나면

왠지 쑥스럽다.

아무리 날고 기는 엘리트여도
검진복을 입으면 순한 양이 된다.

1 월 15 일   요일

프레젠테이션(presentation)을 할 때는 웃는 사람만 본다.

뚱해 있는 사람을 보면
마음이 심란하다.

1 월 16 일   요일

일을 거절할 때는 상사, 예산, 업계 탓을 한다.

제가 사장이라면
당장 오케이했을 텐데.

올해는 원숭이띠를
피하라고 해서요.

1 월 17 일   요일

의제 말고 아젠다(agenda), 이슈(issue)라고 말해 본다.

예) 오늘 반상회 아젠다는 여름 축제이고,
이슈는 활성화 방안입니다.

있수?

이슈.

1 월 18 일   요일

시각화 → 그래프로 만드는 일.

숫자만으로도
꽤 시각적인데 말이죠.

비시각화 → 숨바꼭질.

걸으면서 회의하면 신선하지만

회의록 작성을 못 한다.

말한 내용이 기록으로 남지 않으며
산책으로 끝난다.

춤추면서도 마찬가지.

가장 늦게 퇴근할 때를 대비해 문단속 방법을

숙지해 둔다.

막차 시간이 다 됐는데
문이 잠기지 않아 막차를 놓친다.

셔터
오케이!

"매출 잘 나와요?"는 그냥 하는 인사말이므로 진지하게

대답하지 않아도 된다. "그럭저럭이요." 정도가 적당.

손익 계산서를 확인하지 않고
적당히 답해도 된다.

그쪽보다는요.

상사가 하는 말에는 일단 "알겠습니다!"라고 답하자.

하는 건 나중 문제다.

잠시 화를 내기는 하겠지만
어느 순간 상사도 포기한다.

결과보다 대답.

1 월 23 일   요일

저자를 만날 때는 그의 책에 포스트 잇을 붙이고 간다.

엄청 열심히 읽었다는 티를 낸다.

그거,
제 책이 아닌데.

1 월 24 일   요일

회사 봉투, 종이 가방을 모아 둔다.

총무부에 받으러 가는 일이 의외로 번거롭다.

이왕이면
반창고도.

기획안을 내라고 하면, 일단 "공중그네로 해 볼까요?"라고

던져 본다.

우선은 멀리 공을 던지고 나서
서서히 현실로 끌고 온다.

아… 그냥 평범한
그네로 갑시다.

회의실 테이블 한가운데 뚫린 구멍을

열거나 닫지 않는다.

전원 탭이 들어 있는 부분,
열어 보고 싶어진다.

옛날에 엄청 바빴는데 지금 돌이켜보면 왜 바빴는지

기억이 안 난다.

바쁘다고 뾰족뾰족 날이 서 있는
오래전 SNS 게시물을 보면 부끄럽다.

회의할 때 사람 수를 맞추는 일은 의외로 중요하다.

6대 1 이런 식은 곤란.

미팅이랑 똑같다.
수주받는 쪽 사람이 많으면 부끄럽고
발주하는 쪽 사람이 많으면 무섭다.

스마트 폰을 보고 있으면 노는 것처럼 보이는데 스마트 폰이

두 대 이상이면 뭔가를 확인하는 것처럼 보인다.

여섯 대쯤 되면 수상쩍어 보인다.

다양한 감사 표현을 알아 두면 답신 메일을 보낼 때

유용하다.

'감사합니다.', '많은 도움이 됐습니다.' 등.
친해졌다면 '당케 쇤(독일어로 '대단히 감사합니다'를 뜻함).'
등을 섞어서.

제목: 송구하옵니다.

TO: ...

유리로 된 회의실 안을 기웃거리거나 흘깃흘깃 보지 않는다.

신기한 상품을 가지고
회의를 하더라도 꾹 참는다.

① 년 월 일

② 부서명
이름

③ 의 사안에 대한 경위 및 재발 방지책

얼마 전, ④ 의 사안이 발생해 관계자 여러분께 큰 심려와 폐해를
끼쳐드려 대단히 죄송합니다.

다음과 같이 경위와 재발 방지책을 정리해 보고드립니다.

다음

1. 경위:
이번 사안의 경위는 다음과 같습니다.

⑤

2. 조사한 내용과 원인에 대해

본 건에 대해 ⑥ .

원인은 ⑦ 로 볼 수 있습니다.

이 결과를 ⑧ 앞으로 ⑨

등의 대책을 세우겠습니다.

더불어, ⑩ 도 추진하겠습니다.

그때에는 ⑪ 도

실행하도록 검토하겠습니다.

향후의 사안을 ⑫

이상.

시말서 쓰는 법

시말서는 다음과 같은 순서로 씁니다.

① 날짜

② 부서명 / 이름

③④ 제목
'○○의 납품 지연', '불량품 발생' 등 이 부분은 있는 그대로 솔직하게 기입한다.

⑤ 발생한 일 설명: '이번 사안의 경위는 다음과 같습니다.' 이 부분은
　　일어난 일만을 객관적으로 담담하게 적는다. '사안'이 아니라 '사고'로 하면
　　우발적인 분위기를 풍기면서 책임을 어느 정도 면할 수 있다.

⑥ 글의 첫머리: '본건에 대해', 다음에는 아래처럼 적는다.
　　'관계자 확인 조사 결과',
　　'해당 기간 기록을 검토한 결과',
　　'사안 관계를 정리했습니다.' 등

⑦ 애매한 원인의 특정: '원인은 ○○○로 볼 수 있습니다.',
　　'잘못된 인식에 기반한 판단',
　　'담당 부서와의 소통 부재, 인력 부족',
　　'제도화 미흡'

⑧ 알아낸 사실을 고지: '이 결과를', 다음에는 아래처럼 적는다.
　　'관계자에게 고지하고',
　　'정보 공유를 통해',
　　'공유하기 위한 미팅을 진행하고'

⑨ 즉각 실행 가능한 대책: '앞으로는 ○○ 등의 대책을 세우겠습니다.',
'세심한 주의를 기울여',
'윗사람의 판단을 존중',
'지속적인 주의 환기'

⑩ 장기적인 대책 마련: '더불어 ○○도 추진하겠습니다.',
'교차 확인 절차 확립',
'업무 흐름 수정',
'기록 정비'

⑪ 향후 계획: '○○도 진행하도록 검토하겠습니다.',
'외부 전문가 초청 세미나, 워크숍 개최',
'시스템화하기 위한 e 러닝 실시',
'품질 관리 부서와 연계해 논의의 장을 마련'

⑫ 마무리: '이번 사안을 조직의 문제로서 무겁게 인식하며 업무에
적극적으로 반영하겠습니다.'
'더 큰 사고로 번지지 않도록 페일 세이프를 우선 순위에 두고 개선해
나가겠습니다.'
'진지하게 받아들여 조직 문화 혁신을 도모하겠습니다.'

1573 년 1 월 13 일

부서명: 용궁
이름: 의무팀 자라

| 토끼를 놓친 | 사안에 대한 경위 및 재발 방지책 |

지난번, | 토끼를 놓치는 | 사안이 발생해 관계자 여러분께 크나큰 걱정과 폐를 끼친 점 깊이 사과드립니다.

다음과 같이 사안의 경위와 재발 방지책을 정리해 보고드립니다.

다음

1. 경위:

이번 사안의 경위는 다음과 같습니다.

> 용왕님의 병을 낫게 하기 위해 의원의 처방에 따라 토끼를 잡아 왔지만,
> 토끼의 언변에 속아 넘어가 놓아주고 말았습니다.

2. 조사한 내용과 원인에 대해

본건에 대해 | 관계자 확인 조사를 시행 | 한 결과,

| 잘못된 인식에 기반한 판단 | 을 원인으로 꼽을 수 있습니다.

이 결과를 | 공유하고 | 앞으로 | 정확한 정보 수집과 신속한 판단을 존중하는 | 등의 대책을 세우겠습니다.

더불어, | 기록의 정비 | 도 추진하겠습니다.

| 외부 전문가 초청 세미나와 워크숍 | 도 실시하도록 검토하겠습니다.

이번 사안을 | 진지하게 받아들여 조직 문화 혁신을 도모하겠습니다. |

이상.

이것 좀….
읽어 봐 주시면
고맙겠습니다.

2월

February

화상 회의 중, 자료 공유가 끝나고 얼굴이

호빵만 하게 비출 때의 창피함.

자료를 자세히 보려고
모니터에 가까이 갔는데
그때 마침 공유가 끝나서
내 큼직한 얼굴이 떡하니 나온다.

방금 전까지 사람이 있었던 회의실의 뭐라 말할 수 없는 공기.

회사를 오래 다니다 보면
누가 있었는지 냄새로 알 수 있다.

2 월   3 일   요일

복사기에 신발을 놓고 복사하면 재미있다.

매일 밤 신발을 복사하고는
그 결과를 '신발'이라는
폴더에 넣어 뒀다.

아, 그게…
자료로….

2 월   4 일   요일

커피 자판기에서 종이컵이 나오지 않는 대참사 앞에서는

신입도 사장도 평등하다.

컵이 없는데 커피가
콸콸 쏟아질 때의 무력감.

2 월 5 일   요일

회사에서 철야하고 잘 때는 발을 뻗는 자세로.

발을 쭉 뻗지 않으면
몸이 꽁꽁 굳어서 자는 둥 마는 둥한
상태로 눈뜨게 된다.

뽁뽁이

박스

2 월 6 일   요일

사내 친목 도모 모임이라고 해서 너무 많이 마시지 말자.

과음하면 누구와 친목을 도모했는지 기억나지 않는다.

모르는 사람에게서
'어제 정말 고마웠습니다.'라는
문자를 받는다.

마감을 못 지켰을 때에는 한국 시간인 줄 몰랐다는

변명을 해 본다.

"하와이 시간으로 생각했거든요."라고
말하면 열아홉 시간 벌 수 있다.

아 ——— ,

음력인 줄
알았어요 ——— .

메일에 파일 첨부하는 걸 까먹었다고 하면서 시간을 번다.

gmail은 본문에
첨부 표시가 있어서
첨부를 안 하면
경고가 뜨는데 무시하자.

기다려,
아직이야!

2 월 9 일   요일

회의 중 혼자 열심히 떠드는 사람을 제지하기 위해

손을 들어 질문을 한다.

회의할 때 혼자 떠드는 사람을
차단하는 데 효과적.

2 월 10 일   요일

외상 매출금, 외상 매입금은 외상처럼 심각하다.

외상 매출금은 외상을 입은 것만큼이나
중대하고 성가신 존재.

외상 후
스트레스 심함.

외상 매출금
그러니까….

어떤 데이터든 겹겹이 쌓아서 그래프로 만들면 대체로

우상향이 된다.

사실, 마이너스 성장기일 때는 그렇지만도 않다.

그럴 때는 그래프를 비스듬히 그린다.

회사나 기관을 지명으로 부르면 그 분야에서 잔뼈가 굵은

사람처럼 보인다.

모회사, 관련 행정 기관 등
관리 감독을 시행하는 기관을
그렇게 부르곤 한다.

결국 여의도가
움직이는군.

프레젠테이션을 할 때 누구나 아는 개그를 따라 해 본다.

말하면 바보 같겠지 싶은 말도
툭툭 던져 본다.

밑져야 본전.

회사 보안이 삼엄해서 방문객이 화장실을 갈 때도

따라가야 한다.

사원증이 없으면
문이 열리지 않긴 하지만….
이해가 안 간다.

여기서 기다릴 테니
편하게!

부장님 집이 멀더라도 "거기 여행 간 적 있어요."라고

말하지 않는다.

"소보로 빵이 유명하던데!"
이런 말도 하지 않는다.

매일
여행하는 것
같겠어요.

정산 서류에 영수증을 잔뜩 붙이면 방석처럼 된다.

전자 문서화에 따라
서서히 사라져 갈 스킬.

오늘도 두툼해요.

플로피 디스크를 보고 "세상에, 반가워라."라고 말하면

옛날 사람.

고참 직원의 서랍에서
플로피 디스크라도 나오면
한바탕 수다가 펼쳐지곤 한다.

'플로피 부장'이라
불린다면,

용량이 적다는 뜻.

인사 고과에서 미달성은 달성한 일과 함께 적는다.

'못 했습니다.'가 아니라,
ㅇㅇ는 못 했지만 ㅇㅇ는 달성했다며
안타까운 분위기를 담아낸다.

마음으로는
달성했습니다!

화상 회의 툴을 보면 대충 어떤 회사인지 알 수 있다.

마이크로소프트 팀즈(Teams)는 대기업,
구글 미트(Meet)는 IT 계열,
줌(Zoom)은 일반 회사에서 애용.

당신은…,

팀즈군요.

뒤풀이에 참석 안 한다고 승진이 늦어지지는 않는다.

미움받는 일도 없다.

상사에게 쓸데없는 말을 한다거나
상사의 주사에 환멸을 느끼는 등
오히려 마이너스 요인이 더 많다.

2 월 21 일   요일

판단이 어려운 문제가 생기면 일단 자잘한 정보부터 모은다.

그러는 동안 잊는다.

정보를 모으는 데 집중하느라
문제를 까먹는다.

여긴, 어디?

나는 누구?

2 월 22 일   요일

성가신 회의는 콩트라고 생각하며 임한다.

회의실에 들어가기 전에
'콩트=회의'라고 생각하면
갑자기 재미있어진다.

아,
정녕 안 된단 말인가!

동료의 SNS에 '좋아요'를 누르는 건 보고 있다는

정도의 의미.

'좋아요'라고 생각하지 않더라도
아무 생각 없이 눌러 둔다.

(당신은 걱정할 게 없으니) 좋아요!

자리 이동으로 책상 정리를 하다가 1년 전 청구서를 발견한다.

아마도 어찌어찌 해결이 됐을 터.
그냥 버리면 된다.

어라?

2 월 25 일   요일

세미나 참석, 전시회 관람 등의 일정은 금요일 오후로 잡고

끝나면 바로 퇴근한다.

참석 안 하고
집으로 직행하는
용기 있는 자도.

다 어디 갔지.

전부 세미나?

2 월 26 일   요일

안 되는 일에는 "발전 가능성이 있다."라고 말한다.

'발전 가능성밖에 없다.'는 나쁜 말.

"작년이었다면 통했을 텐데."
"미국이라면 먹힐 텐데."
이런 표현도 우회적인 부정.

조선 시대라면
출세했을 텐데!

뭐든 알파벳 글자로 줄여 본다. 본부장 대리는 BBD로.

자재 부장은 JB,
제임스 브라운처럼
약칭으로 불린다.

YGH = 유급 휴가

서서 회의하자고 제안한다.

회의 스타일을 바꾸자고 제안하면 긍정적,
진취적인 사람으로 보인다.

그만
앉을까요!

← 아이쿠,
다리야.

상사의 부탁을 100%
거절할 수 있는 핑계 모음집

"그날은 할아버지 제사여서요."

중장년 세대일수록 관혼상제에 약하다.

거부할 수 없을 것이다.

"인천 공항에 마중을 나가야 해서요."

분명 한국어가 서툰 손님이 올 것이다.

이름표를 들고 이야기해야 한다.

"그날은 최종 오디션이 있어서요."

그런 활동도 하느냐는 감탄과 함께 응원해 줄 것이다.

"아이 만나는 날이거든요."

더 이상의 사정을 캐물을 수도 없고

일정을 미루라고 할 수도 없다.

"본가에서 키우는 개를 병원에 데려가야 하는데."

그 개는 내가 데려가지 않으면 누구든 물어뜯는다는 설정으로 가자.

"아, 법원 가는 날이다."

이유를 물으면 **"말하지 말라고 했어요."** 라고 답한다.

3월

March

3 월 1 일 　요일

회사 복사기는 야근하고 있을 때 꼭 고장 난다.

접이식 부채처럼 구겨진 종이가 나온다.

뭐야, 장난해.

3 월 2 일 　요일

다른 회사 동료가 자기네 구내 식당에 밥 먹으러 오라고

초대해도 점심은 혼자서 좋아하는 음식을 먹고 싶다.

고급 레스토랑 못지않은 구내 식당이라며
초대했지만 솔직히 귀찮다.

No!

인쇄 가게에서 컬러 복사를 하다가

가격에 깜짝 놀란다.

회사 가서 할걸.

커피 한 잔 값인데….

"우리만 알고 있는 걸로."라며 시작하는 말은

이미 누구나 다 알고 있다.

금세 퍼지고
가장 알리고 싶지 않은 사람의
귀에 들어간다.

지구인만 아는 걸로.

그로스 해킹(growth hacking) →노력하다, 애쓰다.

일하면서 대체로 다들 노력하고
애쓸 텐데 그걸 그로스 해킹이라
이름 붙인 사람이 천재.

그로스 해커.

회의 중 SNS를 봐도 좋지만 '좋아요'는 누르지 않는다.

회의 중에 놀고 있던 걸 들킨다.

여기 '좋아요'는
제가 누른 게 아니라.

그럼 누구?

10년 후가 아니라 당장 내년에 없어지는 일이 있다.

정정 스티커 붙이기 등등.

일은 없어져도

난 없어지지 않아!

회의실 벽은 얇아서 비밀 얘기가 다 새어 나간다.

특히 회사의 회의실 벽은
놀랄 정도로 얇다.

도대체 언제
아내랑 헤어질 건데!?

거절할 때는 "싫어요."가 아니라

"죄송합니다."라고 말한다.

사은품을 건넬 때에도 "약소하지만 받아
주시면 고맙겠습니다."라고 부탁하는 듯한
태도로.

정말 죄송!

책상 정리를 하다가 '반납 요망' 자료가 나오면

원래 자리에 슬쩍 갖다놓는다.

지금껏 찾지 않았다는 건
필요 없다는 얘기지만.

3 월 11 일   요일

상사에게 회사가 잘나가던 시절 얘기를 물어보면

어색한 시간을 때우기에 좋다.

놀랍다며 고개만 잘 끄덕여도
20분이 훅 간다.

※이미지입니다.

3 월 12 일   요일

"누가 잘못했다는 얘기가 아니라."라는 말이 나올 때는

누군가가 잘못한 거다.

프로젝트가 실패했을 때,
회의 시간에 자주 듣는 말.

3 월 13 일   요일

화상 회의로만 만나던 사람을 실제로 만나면

뜻밖의 큰 키에 놀란다.

흔히 얼굴로 체형을 유추하는데
종종 빗나간다.

3 월 14 일   요일

택배 기사님과 친해지면 여러모로 편하다.

주소가 적힌 송장을 가져다주기도 하고
집하 시간을 조정해 주기도 한다.

"몸이 두 개였으면 좋겠네."라고 말하는 사람은 대부분

하나로도 충분한 사람이다.

그 말을 듣는 사람 모두
하나여서 다행이라고
생각한다.

사무실 전화를 절대 받지 않는 사람이 있다.

"저 사람은 어쩔 수 없어."라고
모두가 포기할 때까지 힘내길.

이 사람은
정리를 못 해.

회의 중에 "머리가 나빠서 그러는데 한 번만 더 가르쳐

주세요."라고 말하는 사람은 대부분 자기 머리가

나쁘다고 생각하지 않는다.

이런 식의 요청은 최악이다.
하지 말자.

저도 머리가 나빠서요,
두 번 말 못 해요.

솔선해서 일하는 상사는 어느 순간 모든 일을

혼자 떠맡고 있다.

부하는 그걸 보며 본받는 게 아니라
당연하다는 듯 떠넘긴다.

부장님, 잠깐
와 보세요.

넵.

3 월 19 일   요일

회의를 끝내고 싶을 때는 슬그머니 노트북을 닫는다.

메모를 할 마음이 1도 없다는 의사 표시.

3 월 20 일   요일

"여기가 무슨 친목 동아리인 줄 알아."라고 비꼬는 사람이

있는데, 어디 있나요? 그런 재미있는 동아리.

들어가고 싶다.

아, 저녁 8시
여섯 명 예약이요.
네, 친목 동아리로.

"지금 누구한테 공이 가 있지?"라는 말은

공놀이 얘기가 아니다.

누가 일을 정체시키고 있느냐는 의미.
근무 시간에 피구를 할 리는 없잖아.

사내 경쟁은 카니발리제이션*이라고 부른다.

엽기적인 비즈니스 용어.

꽤 많이 쓰는 단어이지만
잘 생각해 보면 오싹하다.

우리 쪽 카니발리제이션
안건은 전부 그 사람과
관련 있어요.

*카니발리제이션(cannibalization): 한 기업이
출시한 새 제품이 같은 기업의 기존 제품과
경쟁을 벌이는 것을 뜻하는 말로 식인 풍습을
뜻하는 카니발리즘(cannibalism)에서 비롯됐다.

무릎이 스칠 정도로 딱 붙어서 인수인계를 하는 사람이 있다.

속이 너무 빤히 들여다보인다.

이건,

직장 내 성희롱?

"그건 전술이지 전략은 아니야."라고 회의에서 말해 본다.

당연히 의미는 모른다.

그건 감상이지
분석은 아니죠.

일부러 연필로 메모를 해 본다.

딱히 의미는 없다.

아무도 가까이 오지 않아서
편하다.

"2분 안에 가겠습니다." 하고 어정쩡한 시간을 말하면

꼼꼼한 사람처럼 보인다.

2분 안에 안 가도 된다.

37분만
기다려 주세요.

2초 안에 와라.

연착륙, 퇴각전, 공중 분해 등 일이 잘 안 풀릴 때일수록

한자어를 많이 쓴다.

프로젝트 실패를 '명예로운 퇴각'이라고
표현하는 사람도 있다.
수사적 표현으로 현실을 얼버무린다.

분골쇄신하여
기사회생을!

"제 목을 걸겠습니다."라고 말해도 회사에선 그리 쉽게

목이 날아가지 않는다.

그러니 가볍게 말해 보자.

퇴사하겠다는 말?

아니,
그건 아니고….

3 월 29 일 　　　요일

회사 노트북을 집에 두고 와도 어떻게든 된다.

가방도 필요 없다.

당신도! 없어도
어떻게든 돼요.　에이,
　　　　　또 그러신다.

3 월 30 일 　　　요일

프레젠테이션 도중 노트북이 작동하지 않을 때야말로

잡담 스킬이 힘을 발휘할 때.

프레젠테이션 중에 채팅 창이 떠도
모르는 척한다.

"아,

세상에 윈도우 업데이트만큼
무서운 게 없더라고요." 하고
너스레를 떨어 본다.

시작이 엊그제 같은데 1분기가 끝났다.

2분기는 다를 거야, 다를 거야.

훅 가네.

4월

April

2분기 시작이다! 하고 각오를 다져 보지만 하는 일은

어제랑 똑같다.

4월 1일, 벌써 2분기라고
마음을 다잡지만
오후가 되면 까먹는다.

대회의실은 한동안 신입 사원 연수로 쓸 수가 없다.

아직은 양복이 어색한 신입들이
역할극을 하고 있다.

회식은 '지위 고하를 막론하고 마음 터놓고 즐기는 술자리'가

아니다.

"오늘은 계급장 떼고 놀아 보자."라고
말하는 상사도 없고 그럴 수도 없다.

성과를 못 내고 있을 때 '소통 부족'이라고 쓰면

대체로 넘어간다.

실패 보고서에 어김없이 등장하는
마법 같은 말.

"덕분에 많이 배웠습니다!" 언제 어디서든 쓸 수 있는

만능 대답.

실수를 지적받을 때,
칭찬받을 때,
자기 자랑을 늘어놓는 사람 앞에서 등등.

회의실에 설치된 커다란 모니터에 컴퓨터를 연결하고

영상이 나오기까지의 침묵.

침묵을 견디지 못하고
"주말엔 뭐해?" 따위의
질문을 하면 가벼워 보임.

사랑니 얘기는 누구에게나 통하는 공통 화제.

어떤 음식을 좋아하는지 등도.

사랑니가 얼마나 아팠는지는
누구에게든 호소하고 싶다.

화면을 공유한 브라우저에 갑자기 뜬 광고로 평소의

소비 패턴이 들통난다.

전신 타이즈 광고만
잔뜩 나온다든가.

공유한 브라우저의 검색 이력에 성인 사이트가 있어도

못 본 척한다.

URL을 입력하려고 했더니
과거 방문한 사이트가 뜬다.

기간이 지난 영수증은 종이 쓰레기.

미련 없이 버리자.

화이트보드용 마커는 대체로 잘 안 나온다.

빨간 펜만 나와서 온통 새빨개진
화이트보드를 마주한다.

신입 사원 중 벌써 그만둔 사람이 있다는 소문이 나돈다.

놀랍기도 하고 부럽기도 한 마음.

사무실에서는 씹는 소리가 요란한 과자를 삼간다.

휘파람 사탕도 안 된다.

꿋꿋하게 먹어 대는 사람이 꼭 있다.
쿠키도 웬만하면 부드러운 것으로.

일 잘하고 똑똑한 사람은 갑자기 사라진다.

잔소리를 해 대던 상사도 언젠간 사라진다.

직속 상사만 아니면
누구하고든 즐겁게
담소를 나눌 수 있다.

상사는 고민 상담을 좋아한다.

곤란한 일이 생기면 툭 터놓고 부탁해 보자.

상사들끼리 "그 녀석이 나한테 부탁을 하더라고."라며
자랑하곤 한다.

회사에선 독특한 문구류 사용을 자제한다.

화젯거리가 될 수도 있지만
때로는 부정적 이미지를 줄 수 있다.

휴게실에서 뒹굴며 맥북을 두드리고 있으면 일 좀 하는

엔지니어처럼 보인다.

실리콘 밸리에 있는
회사를 방문했을 때,
현관 바로 앞 소파에 누워서
일하는 사람을 봤다.

중장기 계획만 죽어라 짜는 사람이 있다.

중장기 계획, 수정, 2차 수정…….
계획은 끝없이 갱신된다.

오소라이즈(authorize) → 화이트보드에 자기에게

유리한 의견만 적고 회의록이라면서 보내는 일.

화이트보드를 장악하는 자가
회의를 장악한다.
염두에 두고 판서하자.

오소라이저.

연초에 입사했다면 이맘때쯤 누가 누군지 파악된다.

'어째서 두 사람을 동일인이라고
생각한 거지!' 하며 뜨악하게 할
두 사람이 반드시 있다.

김철수 vs 김찰스

4 _월 21 _일　　　요일·

직급이 높은 분을 언급하며 친한 척한다.

회의에 딱 한 번 같이 참석했을 뿐인데,
"OO 부장님은 말이 참 많다니까요."라는
식으로.

4 _월 22 _일　　　요일

'캐파'가 어쩌고 '프레임워크'가 어쩌고. 소프트 모히칸

머리 모양의 사수 입에서 모르는 단어가 줄줄 나온다.

선배님, 뜻은 알고 쓰시나요?

야근할 때, 주위는 깜깜한데 내 책상에만 불이 켜져 있는

모습은 드라마에만 있다.

사무실 전기는
핀포인트로 켜거나
끌 수 없다.

귤을 깐 순간, 사무실 직원 모두가 안다.

아무리 멀리 떨어져 있어도.

컵라면은 말할 것도 없다.
야근할 때 솔솔 풍기는
컵라면 냄새는 말 그대로 고문.

4 월 25 일   요일

가끔 화이트보드를 멀리서 바라본다.

상황을 조망하는 듯이 보인다.
화이트보드를 보고 있을 뿐이지만.

4 월 26 일   요일

모니터를 손가락으로 가리키면

열심히 일하는 것처럼 보인다.

한쪽 손을 턱에 대고 있으면
UFO 동영상을 보고 있어도
자료를 보는 듯한 인상을 준다.

4 월 27 일   요일

화상 회의 중에 배경 화면을 바꾸며 장난치다가

이어지는 임원급 회의에도 모르고 그대로 쓴다.

하와이 해변이나 우주 공간을
떠돌며 임원 회의에 등장한다.

4 월 28 일   요일

음소거 상태인 줄 모르고 발언하는 사람에게 음소거를

해제하라고 손짓을 하다 보면 마치 '고요 속의 외침' 게임을

하는 것 같다.

온갖 손짓 발짓을
다 해 보지만,
당사자만 모르는
적막의 시간.

4 월 29 일 　　　요일

5월은 빨간 날이 많은 달이지만 딱 빨간 날만 쉴 수 있는

사람들끼리 모여 신세 한탄을 한다.

"잘만 하면 9일 연휴인데!
에효, 부럽네!" 하고 툴툴대 본다.

4 월 30 일 　　　요일

신규 사업 발굴 프로젝트는 킥오프 미팅*을 열었다는 데서

일단 만족.

거창하고 허황된 프로젝트 이름이
붙어 있곤 한다.

*킥오프 미팅(kickoff meeting):
　프로젝트의 시작을 알리는 첫 공식 회의.

5월

May

무엇이든 물어볼 수 있는

친절한 인사과 직원과 친해진다.

연차 사용, 근무 중 외출 등
편리한 제도가 있다.
꿀팁을 챙겨 두자.

"열심히 하겠습니다." 대신에

"PDCA* 잘 돌려 보겠습니다."라고 말해 본다.

요즘은 OODA루프(우다루프)*라는 말도
자주 쓰는데 아는 척하려면 꼭 기억해 두자.

*PDCA: Plan(계획), Do(실행), Check(평가), Act(개선)의
  4단계를 반복하여 업무를 지속적으로 개선하는 방법.
*OODA루프: Observe(관찰), Orient(상황 판단), Decide(의사 결정),
  Act(실행)의 머리글자를 따서 만든 조어이다.

5 월   3 일   요일

회의 내용을 저장하려고 화이트보드를 스마트 폰으로

찍었다가 하마터면 인스타그램에 올릴 뻔했다.

점심 먹은 사진을 올리려다
회사 기밀 사항을 업로드.

5 월   4 일   요일

"만약 10년 전이라면 노벨상감인데!"라는 식의

칭찬에는 주의.

만약이라면 뭔 말이든 못 하겠는가.
칭찬할 게 딱히 없다는 방증일지도.

회사에서 지급한 아이폰에 무료 모바일 게임을 깔지 않는다.

바로 들킵니다.

휴가지에서 선물을 사 왔다면

출근하자마자 바로 돌리자.

타이밍을 놓치고 머뭇대다 보면
어느덧 퇴근할 시간이다.

5 월 7 일   요일

연휴가 끝나면 그 전에 무슨 일을 했는지

도무지 생각이 안 난다.

어떤 파일이 가장 최근 것인지 모르겠네.

5 월 8 일   요일

어른도 옷이 멋있다는 소리를 들으면 기분이 좋다.

마음껏 칭찬해 주자.

"예쁜 빨간색이네요.", "체크무늬가 독특하네요." 등
본 그대로 말하면 된다.

먹다 남은 도시락은 꼼꼼히 잘 싸서 버린다.

탕비실에 이상한 냄새가 날 수 있다.

"스팸 메일로 들어가 있더라고요."는 핑계이므로

더 이상 추궁하지 말자.

언젠가 내가 이런 핑계를
대야 할 때를 위해.

간이 영수증을 받아야 할 때는 명함을 보여 주자.

회사명이 틀리면 회사 경비로 처리할 수 없으므로.

영수증을 받을 때 쓸 용도로 지갑에
명함을 한 장 넣어 두면 좋다.

관심 없는 일에 코멘트를 해야 할 상황이라면,

"좋아서 하는 사람은 당할 수가 없네요."라고 말한다.

나는 안 좋아한다는 사실을 어필.

서기추(서비스 기획 추진 팀), 영개(영업 개발 팀) 등 부서명을

줄여 부르며 일체감을 고조한다.

우스개는 우주 시스템 개발 팀.

드라마 〈한자와 나오키〉* 같은 건 없다.

사장파, 전무파도 없다.

어른은 대놓고 뭐라 하지 않는다.
나중에야 서로 비아냥대는 말이었음을 깨닫곤 한다.

*〈한자와 나오키〉: 은행과 기업을 무대로
  펼쳐지는 직장인의 일, 출세, 암투 등을 다룬
  일본의 인기 드라마. 작가 이케이도 준의
  소설이 원작이다.

화이트보드에 유성 매직으로 쓴 흔적은

어느 회사 회의실에든 있다.

화이트보드가 아니라
그냥 벽에다 쓰기도 한다.

아,
여기도 있네요!

경청하려는 상사, 은근히 기분 나쁠 때가 있다.

경청은 남의 이야기를 귀담아 들으려는 태도를
말하는데 최근 자기 계발서에 자주 등장하는
핫한 주제이다 보니, 상대방을 뚫어져라 쳐다보며
경청하는 척하는 사람이 늘었다.

5 월 17 일 　　　 요일

회사명이 길면 인쇄했을 때 잘린다.

셀 한 칸에 안 들어가는 회사명은
인쇄해 보면 잘려 있으니 주의.

5 월 18 일 　　　 요일

상사에게 연애 상담은 안 하는 게 좋다.

유용한 조언을 들을 수도 있겠지만,
딱히.

재택 근무만 하다 보면 사무실이 몇 층이었는지 까먹는다.

회사가 없어졌어! 망했나? 하고
순간 충격을 받기도.

사적인 전화를 받을 때 달라지는 동료의 목소리에

깜짝 놀라곤 한다.

자리에서 일어나
이제껏 들어 본 적 없는
달콤한 목소리로
전화를 받으며 나간다.

거래처, 미팅 장소로 바로 출근할 때는 목적지를 메모해 둔다.

계속 외부로 출근하다 보면
나중에 인사과에서 추궁할 수도 있으므로
막힘없이 대답할 수 있게 준비해 두자.

무슨 말을 하는지 모르겠으면 상대방의 말을

되풀이한다.

모르더라도 당당하게 눈을 똑바로
쳐다보면서 상대방의 말을 반복한다.
그러면 어떻게든 된다.

네.

FLS의 조형.

업무상의 목적으로 카톡을 쓸 때는 무난한 이모티콘으로.

지나친 이모티콘 사용은
업무에 해롭습니다.

응.

✕

신경 쓰지 마.

ㅇㅇ파, ㅇㅇ 사단 등 조직 폭력배 같은 별명이 붙은

부서가 있다.

조직의 생리상 까칠한 부서 한두 곳은
꼭 있기 마련이다.

이직한 사람들은 대개 악덕 사업주에게

행패를 당한 적이 있다.

얼마나 황당한 일을 당했는지 듣는 것만으로도
회식 자리가 달아오른다.

서비스 인(service in), 컷 오버(cut over),

론치(launch), 릴리스(release) 모두 같은 의미.

제품, 서비스, 사이트 등을 세상에 내놓는 일.
이걸로 끝이 아니라 지옥의 시작.

5 월 27 일   요일

드라마 속 사장 비서는 절세미인이지만

현실은 조금 다르다.

비서는 다양한 사람을 상대해서 그런지
인상도 좋고 털털하다.

5 월 28 일   요일

게스트용 와이파이 패스워드가 1234인 회사는

왠지 정감이 간다.

우리 회사라면 불안하겠지만
남의 회사라면 쓰기 편해서 좋다.

5 월 29 일 　 요일

명함을 받았을 때 이름을 소리 나게 읽으면 기억하려고

애쓰는 것처럼 보이지만 실제로는 기억 못 한다.

'일잘러'는 소리 내어 읽으며
단번에 외우는 것 같다.
나에겐 벅찬 일이니 흉내라도 낸다.

박춘추 과장님.

5 월 30 일 　 요일

화이트보드에 회의 내용을 적으면서 포스트잇도 붙인다.

크리에이티브한 분위기 연출에 안성맞춤.

포스트 잇이 덕지덕지 붙은
화이트보드를 사진 찍어
공유하면 회의 끝.

"다음에 한잔 하시죠."라는 말은 인사일 뿐이니

약속을 잡지 않아도 된다.

"잘 지내시죠.", "그렇죠 뭐." 정도의
상투적인 인사말. 별다른 뜻은 없다.

아마도 세상은 이럴 거야! 직급표

일반 회사	공무원 및 공공 기관
회장	관리관(1급)
사장	이사관(2급)
이사	부이사관(3급)
(상무, 전무 등 상임 임원)	서기관(4급)
	사무관(5급)
부장 혹은 팀장	
차장	주사, 주사보(6, 7급)
과장	
대리	서기, 서기보(8급, 9급)
주임, 계장	
사원	

외국계 회사	은행	롤(리그 오브 레전드)
본사 CEO	지점장	챌린저
프레지던트		그랜드마스터
바이스 프레지던트	부지점장	마스터
디렉터	차장	다이아몬드
팀 매니저	과장	에메랄드
제너럴 매니저	대리	플래티넘
섹션 치프	계장	골드
스텝	주임	실버
멤버	사원	브론즈
		아이언

바다 생물에 비유하면 알기 쉽다!
징계 처분 레벨 살펴보기

레벨 1 엄중 주의 = 뜨거운 모래
인사과에 불려 가 구두로 주의를 받는다.
바다로 치자면 뜨거운 모래 정도. 조심하자.

레벨 2 경고, 견책, 훈계 = 꽃게
심하게 혼이 나지만 월급에는 영향을 끼치지 않는다.
아프지만 상처는 없다.

레벨 3 감봉 = 성게
월급이 줄어든다. 아프고 피도 나고 상처가 남는다.

레벨 4 출근 정지 = 해파리
가고 싶지 않은 회사지만 나오지 말라고 하면 불안해진다.
월급도 줄어든다. 해파리에게 쏘였다 생각하고 집에서 안정을 취하자.

레벨 5 강등 = 격랑
부장에서 과장으로 내려오니 무척 껄끄럽다.
당황하지 말고 거센 파도를 헤쳐 나가자.

레벨 6 면직 = 파란고리문어
퇴직금은 받을 수 있는 해고.
업무 추진비를 속이는 등 금전 문제와 얽히면 이렇게 된다.

레벨 7 징계 해고 = 상어
퇴직금 없이 즉각 회사를 나와야 한다.
횡령, 사기 등을 저질렀을 때.
상어만큼 강력하다.

6월

June

6 월 1 일 　　요일

하고 싶지 않은 일은 회사 규정 혹은 재원 부족 탓을 한다.

개인적으로는 찬성하지만
상사나 회사 규정 때문에
할 수 없다는 입장을 취하면서.

6 월 2 일 　　요일

사무실에 걸려 온 전화를 받으며 "여보세요."라고

내뱉고 말았다.

신입 시절 누구나 한 번쯤 하는 실수.

새벽에 메일을 보내 상대를 쫄게 만든다(예약 발송).

일정이 빡빡할 때는 이런 식으로라도
시급한 상황임을 표현한다.

띠링

'OOO을 합니다.'라고 쓰면 초짜 같아 보이니

'OOO 계획 실행 및 사후 효과 분석 실시'라고 쓴다.

성과 보고서나 계획서를 쓸 때
한자어를 많이 쓰면 그럴듯해 보인다.

회사 냉장고에 음료를 넣어 둘 때에는 꼭 이름을 쓴다.

그렇지 않으면 쥐도 새도 모르게 사라진다.

스스로에게 이상한 호칭을 붙이는 일은 삼간다.

자기소개에 '호기심 담당' 따위의 말을
적어 놓으면 상대방이 상당히 민망해진다.

끝말잇기에서 떨어진 두 단어를 이어 붙이면 뭔가 획기적인

기획처럼 보인다. 망고, 고릴라, 라디오, 오대양, 양파,

파인애플 → 망고형 라디오

갑자기 아이디어를 내놓으라고 닦달하면
머릿속으로 끝말잇기를 한다.

고릴라형 파인애플.

광고 환산 가치를 싫어하는 사람이 있다.

성과를 분명히 알기 어려울 때,
광고 환산 가치로 얼버무리는데
그걸 간파하고 지적하는 임원이 꼭 있다.

6 월   9 일   요일

화상 회의에 정장 차림으로 등장해 상대방의 기를 죽인다.

양복에 넥타이를 매고
화상 회의에 나간다.
가족도 깜짝 놀란다.

6 월   10 일   요일

'블록체인 기술과 AI 활용' 일단 이런 말을 꺼내 본다.

물론 잘 모른다.

6 월 11 일   요일

아이스 브레이크를 위한 잡담으로 뜬금없이 개똥을 밟은

일화 같은 건 말하지 않는다.

잡담이라고 해서 들뜰 필요는 없다.
날씨 이야기 정도가 딱.

6 월 12 일   요일

사장실에서 골프 퍼팅 연습을 하는 사장님은

드라마 속에만 존재한다.

하지만 아부하는 중간 관리직은
실존 인물이다.

안내 데스크에서
네일 아트를 하는
직원은 있다(있었다).

"그 건은 OO 씨가 자세히 알고 있습니다."라고 떠넘긴다.

"그 분야는 OO 씨 전문이죠!"라고
치켜세우며 은근슬쩍 넘기면 더 좋음.

가까스로 계산을 끝낸 예산안의 숫자를 함부로 바꾸면

난감하다. 특히 제출 직전에.

업무 추진비를 억지로 끼워 넣다가 예산 초과.
다시 시작.

6 월 15 일   요일

탕비실에 있는 간식을 혼자서 탕진하지 말자.

총무부 담당자가 매의 눈으로
감시하고 있을지도 모른다.

6 월 16 일   요일

다른 회사의 제안서, 견적서가 훌륭하다면

참고용으로 보관.

'참고용 타사 자료' 폴더를 만들어
보관해 둔다.

6 월 17 일   요일

한 번쯤은 자기 계발서 중독에 빠져든다.

노력과 성공의 마약 같은 이야기.

자기 계발서와 만화의 공통점:
노력하면 (현실과는 달리) 반드시 성공한다.

6 월 18 일   요일

회사가 제공하는 휴양 시설은 진짜 좋거나

진짜 나쁘거나 둘 중 하나.

진짜 좋은 시설이어도
기념품 가게에서 회사 로고가 들어간
굿즈를 발견한 순간 당황하고 만다.

6 월 19 일   요일

자료 수집차 서점에 간다.

쇼핑몰을 어슬렁대거나
카페에서 커피를 마시는 것도
일종의 자료 수집.

자료 수집 중.

6 월 20 일   요일

블라인드를 억지로 올리려다 엉망을 만든다.

살짝 어긋난 블라인드가
억지로 올라가며 줄이 뒤엉켜
수습 불가 상태가 된다.

6 월 21 일   요일

회사에 간식을 가져갈 때는 나눠 먹기 편하고

뒤처리가 쉬운 과자류가 좋다.

책상 위에 둘 만한
낱개 포장된 과자 정도로.

6 월 22 일   요일

첫 보너스로 홀 케이크를 산다.

자르지 않은 케이크를
큰 스푼으로 푹푹 퍼먹는다.

6 월   23 일   요일

막연하고 거대한 질문을 하면 사려 깊은 사람처럼 보인다.

"AI 다음은 어떤 게 나올까."

미래를 그려 보고 있답니다.
한가하게 노는 게 아니라고 어필.

6 월   24 일   요일

개인용 가위에는 이름을 쓴다.

그렇지 않으면 총무부가 회수해서
공용 문구 서랍에 넣는다.

6 월 25 일   요일

회의 참석자가 많으면 명함이 많아, 마치 카드 게임을

하는 것처럼 보인다.

명함은 앉은 자리 순으로
테이블 위에 놓는 게 예의.
여덟 명 이상이면
꼭 카드 게임을 하는 것 같다.

6 월 26 일   요일

구내 식당 식권 발매기 앞에서 양보란 없다.

줄 서는 게 싫다면 아주 빨리 가거나
아주 늦게 가거나.

6 월 27 일   요일

프로젝트를 시작하면 일정표부터 만들고 보는데

언젠가부터 거들떠보지도 않는다.

일정표로는 그 어떤 불가능한 일정도
맞출 수 있다는 게 허점.

6 월 28 일   요일

교통비를 횡령하는 일만큼은 하지 말자.

잘릴지도 모르니.

회사 경비와 관련한 사기는
금물.

6 월 29 일   요일

파워 포인트에 영상을 집어넣었는데

다른 PC에선 열리지 않는다.

프레젠테이션 중에 영상이 안 떠
당혹감에 땀 뻘뻘.

※파워 포인트를 열려는
PC에 동영상 원본을
함께 넣으면 열린다.

6 월 30 일   요일

자율 좌석제 회사여도 앉던 자리에만 앉는다.

학교 식당에서 늘 똑같은 자리에 앉는 것처럼.

7월

July

화상 회의를 할 때는 고개를 크게 끄덕인다.

분할된 화면 속에서 존재감을 드러내려면
리액션을 최대한 크게.

회사에 들어온 호접란은 총무부에 잘 얘기하면

얻을 수도 있다.

큼지막한 난초 화분을 껴안은 채
지하철을 타고 집으로.

"상관없는 얘기일지도 모르겠지만." 하고 운을 뗐다면

정말로 상관없는 얘기를 한다.

이런 전제를 깔아 놓고
핵심을 꿰뚫는 얘기를 하는 건 비겁하다.
"탕수육은 부먹파? 찍먹파?"
수준의 관계없는 말을 꺼낸다.

내 자리만 추울 때는 천장의 에어컨 구멍을 막는다.

클리어 파일을
테이프로 붙이면 딱 맞다.

회의할 때 자리에서 일어나 회의 자료를 손으로

가리켜 본다. 의욕이 넘치는 것처럼 보인다.

모니터든 서류든
일단 일어서서 설명.

조식 미팅 후 숙면.

아침 일찍 일어나 배불리 먹었으니
숙면을 취하지 않을 도리가 없다.

문서 세단기는 꼭 내가 쓰려고만 하면 꽉 찬다.

다른 사람이 비우는 모습을 본 적이 없어서
나만 통을 비우는 것 같다.
화장실 휴지랑 똑같다.

환송회는 모두가 괴롭다.

떠나보내는 사람도
떠나가는 사람도 다 불편.

입버릇처럼 "그만둘 거야."라고 말하는 사람은

절대 그만두지 않는다. 늘 뜻밖의 인물이 그만둔다.

그만두겠다는 말을
더 이상 하지 않는다면
그때부터가 퇴사 초읽기.

한낮, 도저히 졸음을 참을 수 없을 때는 회의실로.

뒤에 회의실 예약이 잡혀 있다면
알람 설정을 해 두고 잔다.

7 월 11 일   요일

일단 엑셀은 조건부 서식으로 해 둔다.

해 본 적 없는 기능을 써 보자.

7 월 12 일   요일

술 마시면서 아이디어가 나오기를 바라지 마라.

술 마실 땐 술에만 집중.

3시까지라고 시간을 미리 정해 두면

일이 뭔가 되는 듯한 기분이 든다.

회의를 시간 단위로
끝는 것이 유행한 적 있다.

회사에서 친하게 지내야 할 사람은 상사가 아니라

인사과와 경리과 직원.

문제가 생겼을 때 직접적인
도움을 받을 수 있는 곳이
이 두 부서다.

자료를 준비하지 못했을 땐 페이퍼리스(paperless)라고

우긴다.

금방 들통나겠지만 일단 말해 본다.

기안을 올리기 전에 결재권자에게 미리 설명을 해 둔다.

원활한 결재 승인을 위한 필수 코스.

공개 달력에는 가짜 일정을 넣어 둔다.

비어 있으면 다른 일정이 들어오니까.

이메일 공개 참조에 관계자 전원을 넣어 봤자

아무도 보지 않는다.

하지만, 그렇게라도 해서 책임을
분산해 혼자 뒤집어쓰는 일이
없도록 한다.

책상에 앉아 노트에다가 손으로 뭔가를 쓰고 있으면

사려 깊어 보인다.

A3 용지 같은 큰 종이를
사용하면 훨씬 효과적.

근거 없이 남을 비방하고 싶을 때는

"일에 대한 애정이 없군."이라고 말한다.

반대로 내가
그런 말을 들었을 때는
개의치 말자.

7 월 **21** 일　　　　요일

장발, 노랑 머리 등 첫인상이 튀어 보였던 사람은

평범한 기획안을 제출만 해도 의외라고 칭찬받는다.

기대 위반 이론.

7 월 **22** 일　　　　요일

독특한 안경을 쓰고 있으면 아이디어맨 같아 보여

기대감이 상승한다.

화려한 머리나 셔츠보다도
독특한 안경이
더 아이디어맨 같다.

7 월 23 일 　　요일

중년의 나이에 갑자기 살이 빠지면

환자 같아 보인다.

젊음을 잃을지도 모르니
다이어트도 신중하게.

7 월 24 일 　　요일

2주간 휴가를 내도 회사는 없어지지 않는다.

당당하게 장기 휴가를 쓰자.

7 월   25 일   요일

상대방을 풀 네임으로 부르면 신선하다.

"그렇군요. 김지훈 과장님."
이름을 들은 사람이 흠칫 놀란다.

7 월   26 일   요일

무슨 말인지 모르겠을 때는 상대방 눈을 쳐다본다.

눈길을 피하면 모른다는 사실이
들통나니 공격적인 자세로.

소생, 소직 같은 류의 일인칭을 쓰는 인물은 멀리한다.

"소생이 적임자입니다."라고 말하는 사람 치고
제대로 일하는 사람 못 봤다.

아삽, ASAP, 가능한 한 빨리.

'지금 당장'을 표현하는 단어는 회사에 따라 가지각색.

그 말인 즉슨,
'까먹었으니 곧바로 하겠습니다.'라는 뜻.

디자인 회사는 의외로 군대처럼 위계질서가 엄격하다.

영상 제작, 디자인, 크리에이티브 직종은
매뉴얼화가 쉽지 않아서 그런가 보다.

시간이 촉박해 컴퓨터를 서둘러 끌 때마다

어김없이 윈도우 업데이트가 시작된다.

그냥 눈 딱 감고 전원을 끄자.
예상대로 컴퓨터가 이상해질 거다.

지명을 들었을 때 "그쪽도 꽤 많이 변했더라고요." 라고

응수하면 대체로 맞다.

변하지 않는 곳은 없으므로.

바나나 보트의 상석은?

일반적으로 상석의 조건은 출구에서 먼 쪽, 안전한 곳, 경치가 좋은 곳입니다.
회의실에서는 맨 안쪽 자리, 엘리베이터에서는 안쪽 왼쪽 구석,
택시라면 운전석 대각선 뒤쪽이 상석입니다.

그렇다면 바나나 보트의 상석은 어디일까요?
당신이 앞으로 리조트 개발 관련 사업을 맡게 되었다고 치고, 거래처의
높으신 분과 바나나 보트에 같이 타야 하는 상황이라고 가정해 봅시다.

안쪽이라는 점에서는 뒤쪽이 상석이지만, 맨 뒷자리는 가장 떨어지기
쉬운 자리여서 안전성이라는 조건을 충족시키지 못합니다. 또 맨 뒷자리는
앞사람의 침과 땀이 뒤섞인 물보라를 뒤집어쓰는 자리이기도 합니다.

안전, 경치, 물보라를 감안할 때 바나나 보트의 상석은 맨 앞입니다.

VIP에게 바나나 보트 상석을 깍듯하게 안내해 주시고
출세하시기 바랍니다.

8월

August

사무실 냉장고에 있는 맥주는 마셔도 아무도 모른다.

간담회 때 쓰고 남은 맥주가 있다면,
마음 놓고 마시자.

손님용 음료는 함부로 마시면 들킨다.

총무부가 재고를 기록해 두기도 한다.
그렇게 할 일이 없냐, 총무부.

8 월 3 일 　　　요일

'퍼펙트 회계', '워크 위드 클라우드' 등 회사 전자 결재,

회계 시스템 이름은 곰곰이 생각해 보면 이상하다.

이상한 이름에 익숙해져 아무렇지 않게 쓴다.

8 월 4 일 　　　요일

"정말 흥미롭네요."

좋아하지도 않는데 칭찬해야 하는 상황일 때 쓰는 말.

어떤 화제에서도 쓸 수 있는
최고의 대답이다.

줌(zoom) 회의는 40분 안에 반드시 끝내자.

연장하면 끝없이 이어진다.

어베일러블(available) → 일이 없다, 한가하다.

"그날은 한가합니다." 대신 "그날 어베일러블합니다."라고 말한다.

'아' 다르고 '어' 다른 법이다.
일이 없음을 잘 숨기는 것도 능력.

'구닥다리' 대신 '레거시'라고 말해 본다.

레거시(legacy)는 영어로 '유물'을 뜻하며,
낡은 시스템을 일컫는 말이었지만
최근에는 좋은 의미로 쓰이기도 한다.

가끔은 회사에 넥타이를 매고 가 보자.

새삼 다시 본다.

정문 경비원도 칭찬해 줬다.

직급이 높을수록 밥을 빨리 먹는다.

승진 시험 과목에
'밥 빨리 먹기'가
있는 게 분명하다.

사원증을 목에 건 채 귀가하지 말자.

가끔 지하철에서
사원증을 걸고 있는 사람을 보면
이름을 꼭 확인하고 싶다.

"까먹었어요!" 대신 "그 부분은 제가 놓쳤습니다."라고

말한다.

정신 줄 놓치는 중.

가장 많이 쓰는 비즈니스 용어.
"안 돼요." 대신 "양해 부탁드립니다."

복사기에 종이가 끼어 본체를 열었다가

엄청 뜨거운 곳을 만져 화들짝 놀란다.

질겁함.

8 월 13 일 　　요일

룰은 레귤레이션, TF 팀은 태스크포스 팀, 줄임말을 반대로

길게 말하면 뭔가 있어 보인다.

시트는 스프레드시트.

액티브
셀프 브레이크
(땡땡이를 말함).

8 월 14 일 　　요일

"가능한 한 신속히 착수하겠습니다."

그럴싸한 말이지만 아직 손도 대지 않았다는 뜻.

신중히 말을 고르면서까지
솔직한 게 이상함.

그랬군.

고과 시트의 자기 평가는 최고로 써서 제출.

그 최고의 평가를 베이스로
감점이 되기 때문에 이렇게라도 해야
결과적으로 보통의 점수가 나온다.

스포츠 경기가 있을 때, 점수 내기하자고 나서지 않는다.

아니꼽게 보는 상사가 있을 수도.

월드컵 때마다
사무실이 달아오른다.

웹 카메라에 콧기름이 묻으면 살짝 흐릿한 필터가 된다.

회의하다가 콧기름이 묻었다면
코만 클로즈업 됐다는 뜻이므로 주의.

아무런 준비 없이 회의에 참석했을 때는

"오늘은 페이퍼리스, 제로 베이스에서 저스트 아이디어

웰컴으로 갑시다."라고 선언한다.

큰 목소리로 당당하게 말하는 게 성공 비결.
우물쭈물 머뭇거리면 이미 진 거다.

"새벽에 해외 텔레컨 하느라." 나도 이런 말을 해 보고 싶다.

재미난 이벤트인가 보다 했는데
텔레컨퍼런스, 즉 화상 회의를 말하는 거였다.

8 월 20 일   요일

화상 회의 화면 속 흰 티셔츠는 속옷처럼 보인다.

늘 속옷 차림인 사람이 있었는데
실제로 보니 멋진 티셔츠였다.

속옷만 입은 사람 누구야!

휴일 출근이라 반바지를 입고 왔는데 춥다.

사무실에서 맨날 춥다고 말하는
직원의 마음을 알겠다.

재택 근무 도입으로 회사의 회람 제도가 붕괴.

거래처 사장이 바뀌었다는
인사장 따위는 회람을 안 해도
아무런 문제가 없다는 게 판명됐다.

좀 슬프군.

회사 근처 카페 주인과 친해져도

대신 가게를 봐 주지는 말자.

동료가 점심시간이 끝나도 돌아오지 않아서
물었더니 가게를 봐 주고 있었다는 이야기.

'공유해 주세요.' = '까먹었으니 가르쳐 주세요.'

디자이너가 보내 온 시안을
관계자에게 전송할 때는
'전달합니다.'라고 쓰자.

공유해 줘ㅡ. ♥

생일 얘기가 나왔을 때 "OO랑 같아요!" 하고 말해 본다.

부처님, 예수님, 마르크스, BTS 등등 의외의 인물이
등장하며 화제가 풍성해진다.

세종대왕?

네트워크 프린트로 사적인 문서를 인쇄했다면

재빨리 가지러 간다.

급한 마음에 다른 인쇄물까지
가져오지 않도록 주의.

8 월 27 일   요일

내는 아이디어마다 히트시킨다든지 경쟁 PT에서 매번 1등을

한다든지, 회사마다 전해 내려오는 전설적인 인물이 있다.

횡령을 했다든가 하는 그런 전설은
의외로 잘 퍼지지 않는다.

8 월 28 일   요일

고속철도 안, 이제 일 좀 해 볼까 싶으면 내릴 때다.

간식 사 먹고 노트북 열어 SNS 좀 보고
한숨 자고 이제 일 좀 해 볼까 싶으면
목적지에 도착.

8 월 29 일   요일

포스트 잇은 크면 클수록 크리에이티브하게 보인다.

A2 용지 사이즈의 포스트 잇도 있다.

8 월 30 일   요일

메일이 매번 스팸으로 들어가는 거래처가 있다.

장난 삼아 스팸스러운 제목의
메일을 보내면 그 뒤로도 계속
스팸으로 분류되니 조심하길.

부장님 커피에 걸레 빤 물을 넣었다는 괴담이 전해 내려온다.

요즘 같으면 사건이라 불릴 사안.

전설로
남아 주마!

당장 써먹는 비즈니스 영어 회화

영어로 회의할 때 자주 쓰는 말을 모았습니다.
영어 실력이 바닥이어도 이 예문을 통째로 암기하면 30분은 버틸 수 있을 거예요.

- 질문을 받았는데 무슨 말인지 모를 때.
  It's a good question but it is difficult.
  Do you mean + 상대가 한 말을 똑같이 반복.

- 일단 생각하는 척한다.
  Let me think about it.

- 질문 내용은 알지만 설명할 수 없으므로 다른 사람에게 넘긴다.
  Good question! Mr. xxx, will answer this. He knows well!
  what do you think about it?

- 다른 사람이 대답을 한 뒤, 맞아요, 바로 그거예요! 하고 말하는 것
  잊지 말기.
  You are right. That's true.

- 아, 맞아요. 바로 그 말을 하고 싶었다고 잽싸게 덧붙인다.
  Oh, I just wanted to say the same thing.

- 대답을 하려고 하면서, 누군가가 도와주기를 기다릴 때.
  How should I say…… (누군가가 뭐라고 말한다.)
  You are right!

- 솔직하게 좀 더 간단하게 말해 **달라**고
  부탁할 때.
  *I almost got it. But, in **short**?*

어쨌든
손짓을 크게!

9월

September

9 월 1 일   요일

페르소나를 생각하는 일은 재밌다.

페르소나는 제품을 만들 때 정하는
구체적인 이용 대상을 말한다.
곧바로 망상으로 빠져든다.

9 월 2 일   요일

회사에 인쇄도 되는 고급 사양의 화이트보드가

한 대 정도 있는데 대체로 고장 나 있다.

프린트 기능이 있지만
작동하는 걸 본 적이 없다.

152

브러시업(brush up) → 오탈자를 고치는 일.

아무리 브러시업해도 최종 문서에서
오탈자를 발견한다.

회의 때 신나서 떠들던 아이디어는 실제로 해 보면

그렇게 재밌지 않다.

되지도 않는 기획으로 설전을 벌이며
아무 말 대잔치를 할 때가 많다.

9 월   5 일   요일

야근 후 퇴근할 때, 회사에 아무도 없는 줄 알고 불을 끄면

안쪽 회의실에서 "저기요! 불 좀." 하는 급박한 외침이 들린다.

아! 저 목소리의 주인공은
내가 그토록 피해 다니던 부장님이다.

9 월   6 일   요일

술김이라고 부장님께 말을 놓지는 말자.

부장님은 물론, 술자리에
같이 있던 사람 모두 기억한다.

V 자 회복이라는 말이 나오기 시작하면 큰일이다.

전 사원이 모이는 회의에서 아무런 근거도 없이
V 자 그래프가 등장하면 주의 필요.

우리 회사의 DNA라는 말이 나오기 시작하면 큰일이다.

기댈 데가 DNA밖에 없다는 증거.

일단
다음 세대로.

9 월   9 일   요일

나이 지긋한 임원들은 아무렇지 않게

이른 아침에 회의를 잡는다.

임원은 기운이 넘치고, 젊은 직원은 빌빌댄다.

9 월   10 일   요일

기안서의 최후, 사장 뒤에 회계 담당의 결재를

받아야 한다는 맹점.

회사의 비선 실세를 파악해 두자.

진짜 최후의 보스.

조회 시간에 딱히 할 얘기가 없다.

할 말이 없어서 이제서야
새삼 자기소개를 하는 사람도 있다.

네, 그러니까….

그렇죠. 네,
날씨가 좋네요.

고객의 입장에서 생각해 봅시다.

아무도 부정할 수 없는 말을 하면 편하다.

편하지만 그걸로 대화가 끝나고 만다.

이제 할 말이 없네.

인맥으로 들어온 신입이 의외로 좋은 녀석일 때도 있다.

사장님 조카라고 해서 일 못하는
까칠이일 줄 알았는데
순수하고 착한 애였다.

네!

하루 무단결석하면 다들 화를 내지만 일주일을 쉬면

걱정하며 친절히 대해 준다.

상사가 급 다정해지며
먹을 걸 들고 자리로
찾아오기도 한다.

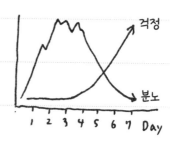

'레드 오션'을 '불의 지옥'이라 불러 본다.

지옥보다 더 끔찍한 시장 상황.

마케팅 퍼널(marketing funnel) → 고객이 어떤 제품이나

서비스를 소비하기까지의 구매 여정을 나타낸

깔때기 모양의 그림. 역피라미드로 혼동하지 말 것.

간혹 깔때기 대신 피라미드 그림이
자료에 들어 있곤 한다.

이건 잣대.

9 월 17 일　　　　　요일

도심에서 이동할 땐 자전거가 최고.

도심을 자전거로 이동하다 보면 '이런 데 길이 있네?'
하고 놀랄 때가 많다.

앗! 이 길이
여기로 나온다고?

9 월 18 일　　　　　요일

톤 앤 매너, 전체적으로 일관된 느낌 같은 것.

전체적 분위기라고 생각하면 된다.

Tone & Manner

클럽하우스, 틱톡, 핀터레스트 등등.

새롭고 다양한 SNS 서비스가 또 나왔으면 좋겠다.

엑스(구 트위터)도 이젠 식상하다.

에반젤리스트(evangelist)는 마법사 같은 신비한 느낌을

풍기지만 캐주얼한 면바지를 입은 할아버지일 때가 많다.

에반젤리스트는 자사 상품의
장점을 전달하는 홍보맨과
비슷한데 훨씬 전문적이다.

9 월 21 일　　　　요일

회의가 산으로 갈 때는 회의 자체가 중요한 거라고

말해 본다.

갑론을박이 펼쳐지더라도
"이렇게 논쟁을 이어가 보죠."라고 말하면
긍정적으로 마무리된다.

9 월 22 일　　　　요일

성별, 연령 데이터가 나오면 우선은 F1 층*이라고 말해 본다.

F1 층이라고 말할 때마다 F1(포뮬러 원)이 떠오른다.

F1 층: 20~34세의 여성.

*F1 층: 일본의 마케팅 업계에서 사용하는 연령 구분
으로, F는 여성(female)을 뜻하며 F1은 20~34세의
여성을 가리킨다. 트렌드에 민감하고 소비 욕구가
강한 층으로 주목받고 있다.

거액을 들여 화상 회의 시스템을 구축해 놓았지만

사용법을 모른다.

줌(Zoom)처럼 저렴한 툴이
등장하기 전에 도입된 장치.

"나쁜 사람은 아닌데……."라는 말을 듣는 사람은

대부분 나쁜 사람이다.

착한 사람에게 이런 말을 할 리는 없다.

9시 58분, 모임을 이렇게 어정쩡한 시간으로 정하면

기억에 오래 남는다.

한 번은 효과가 있을지 모르지만
매번 그렇지는 않다.

58분….

몇 시 58분이었더라?

화상 회의는 말하기 불편하니 대면으로 하자, 대면 회의는

시간 잡기가 어려우니 화상 회의로 하자, 무한 반복.

지난달에도 이런 얘기하지 않았나?
기시감이 드는데 알고 보면 실제로 했다.

오늘은…

어떻게 하기로 했지?

사무실 청소하시는 분과 얘기해 보면 현실 감각이 장난 아니다.

청소하시는 분으로 변장한

사장님이 아니라

진짜 청소하시는 분입니다.

노트북에 스티커를 잔뜩 붙여 놓으면 좀 창피하다.

스티커를 완벽하게 가릴 수 있는

판을 만들어 양면테이프로 붙인다.

9 월   29 일   요일

회식 대신에 미트업(meetup), 비어배쉬(beer bash),

킥오프(kick off)라고 말해 본다.

외국계 회사에서
간담회를 비어배쉬라고 했다.
메뉴는 당연히 피자.

나도 한번
말해 봤지.

조크 연습 중. →

9 월   30 일   요일

애셋(asset) → 자산을 뜻함. 책상 위 지우개 따위가 아니라

건물 등 거대한 것을 말함.

영수증을 붙이려고 풀을 빌리면서
당신의 애셋이라고 말하면
비난받기 십상.

내 애셋!

10월

October

10 월 1 일 요일

화상 회의를 할 때면 역광 때문에 그림자 괴물처럼

보이는 사람이 꼭 있다.

엑스맨 같은 모습으로 업무 얘기를 하니 섬뜩하다.

10 월 2 일 요일

회의 중에 정리한 내용을 회의가 끝나자마자 보낸다.

내용이 잘못됐어도 신속함에 놀란다.

시간이 지날수록 회의록 퀄리티에 대한
기대치가 높아지므로 내용에 자신이 없다면
속도로 승부하자.

탓!

메일 주소를 ironman_ida@xxx.com 등 어줍지 않게 정하면

업무 관련 연락을 할 때마다 한없이 부끄러워진다.

냉혈한 같은 거래처 직원의
중학생 같은 이메일 주소에
두근두근.

이 사람이

저런 메일 주소를…?

화상 회의 배경이 독특하다면 인사치레로라도

아는 척 좀 해 주자.

보여 주고 싶어 배경으로 했을 테니
접대용 멘트 한두 마디쯤 날려 준다.
"피규어가 참 멋지네요." 등등.

잘 부탁드려요.

'대동단결' 대신 '원팀(one team)'이라고 말해 본다.

기업의 슬로건도 유행을 탄다.

여러분!

같이 갑시다!

비즈니스 파티에 호들갑스런 파티 굿즈는 딱 질색.

영업 부장이 큼직한 나비넥타이를 매고 서 있다.
피하고 싶다.

오픈 이노베이션, 실증 실험.

우주 사업만큼이나 음산한 냄새가 난다.

의욕적으로 나서면 나도 모르는 사이에
프로젝트 책임자로 낙점된다.

불쌍하게도.

화장실에서 이를 닦았다면 칫솔에 남은 물기를 제거한다.

물기가 남은 상태로 케이스에 넣으면
냄새 난다.

착착.

옛날에는 AIDMA*라고 했는데 요즘에는 커스터머 저니

(customer journey)라고 쓴다. 소비자가 구매에

이르기까지의 여정.

비즈니스 용어도 유행을 타기 때문에
재미 삼아 따라가 본다.

요즘은
뭐가
신박하지?

*AIDMA: 소비자가 구매 행동을 할 때 주의
  (attention), 흥미(interest), 욕망(desire), 기억
  (memory), 행동(action)의 순서가 있다는 법칙.

경기도 끝자락 출장이 제일 힘들다.

고속철도나 비행기를 탈 정도로 멀면
출장 갈 맛이 나지만
지하철로 편도 두 시간 거리는
지루하기 짝이 없다.

스테이크홀더(stakeholder) → 이해 관계자를 뜻함.

사내외 불문하고 귀찮은 존재.

사전에 얘기해 두지 않으면 삐진다,
목소리가 크다 등 어린애와 유사점이 많다.

너, 이런 식으로 하다간
스테이크홀더 된다!

코로나 시절에 입사한 직원의 얼굴을 보고 흠칫 놀란다.

마스크 쓴 얼굴만 보다가 맨얼굴을 보면
누구지? 하고 다시 쳐다본다.

커미트먼트(commitment) → 관여하고 있다는 뜻.

회의에 참가하는 것만으로도 충분히 커미트먼트하고 있다.

한 마디도 안 하더라도
회의에 참석했다면
그 건에 커미트먼트하고 있다고
봐도 무방.

나한테
커미트먼트하지
않을래?

'경비 20퍼센트 증액.xls'이라고 적나라한

파일명을 달았다가 인쇄할 때 파일명까지 그대로 나와

당황한다.

인쇄할 때 파일명이
나오지 않게 설정해 둘 것.

회의하다가 갑자기 말이 끊기면 눈에 보이는 것을

말해 본다.

사람은 보여 주고 싶은 것을
몸에 걸치기 때문에 칭찬하다 보면
회의 주재자가 말할 거리를 찾아
이어 가고 있다.

옷이네요.

손수레를 타고 놀지 않기.

손잡이가 금방 고장 난다.

10 월 17 일　　　　요일

야근을 하다 보면 아무도 없는 줄 알고

꽁냥꽁냥거리는 사내 커플의 소리가 들린다.

누군가 있다는 걸 알리기 위해
끊임없이 기침을 해 댄다.

10 월 18 일　　　　요일

파워 포인트보다 구글 슬라이드를 쓰는 편이

뭔가 더 있어 보인다.

새로운 툴이 나오면
왠지 새것이 더 근사해 보임.

10 월 19 일   요일

"대박 나는 것으로 부탁드립니다."는

"오늘은 만루 홈런."과 같은 말.

말하는 쪽도 별 생각 없이 하는 말이니
"네, 잘 알겠습니다." 정도로 답하면 무난.

10 월 20 일   요일

회의 전에 "오늘은 군대식으로 가 볼까요." 하고 선언해 본다.

살짝 긴장하게 만드는 게 목적이니
괜히 쫄 필요 없다.

177

컴퓨터를 잘 다루지 못하면 오히려 대범해 보이지만

전화 통화가 서툴면 소심해 보인다.

전화 통화가 두렵다면
말할 내용을 종이에 적어
빈 회의실에 들어가 시도해 보자.

불을 잘 못 다룸.

흐아앗!

외근 중에 화상 회의를 할 수 있는 장소는 별로 없다.

걸어가면서는 의외로 편리.

"2억 원이 부족해요." 같은
어마어마한 얘기를 하면서
걸어가는 사람이 있다.

전파가….

10 월 23 일 　　　 요일

온라인 세미나는 10분 만에 질린다.

질리지 않을 도리가 없다.

10 월 24 일 　　　 요일

회의실을 예약해 뒀는데 사람이 있다면, 창문 유리에

코를 박고 딱 달라붙어 무언의 압력을 가한다.

세상에는 두 부류의 사람이 있다.
예약하지도 않은 회의실을 쓰는 사람과
예약한 회의실 주변을 어슬렁거리는 사람.

새 윈도우에는 카드 게임이 없다.

회사 컴퓨터로 게임을 하던
목가적인 시절도 있었습니다.

인게이지먼트(engagement) →약혼을 뜻하지만

SNS 마케팅에서는 '좋아요'가 얼마나 많은지를 말한다.

가볍다.

'좋아요' 버튼을 눌렀을 뿐인데
약혼.

10 월 27 일   요일

왼쪽 눈이 부었다든지, 치아 충전재가 빠졌다든지,

꾀병의 이유는 구체적으로.

풀을 베려면 뿌리까지,
거짓말은 철저하게.

꿈에 저승사자가
나왔어요.

10 월 28 일   요일

유튜브, 버튜브, 릴스를 잘 알면 사내에서 자문으로 활약.

'트렌드에 정통한 젊은 친구'라는
칭호를 얻어, 지내기 편해진다.

그건 말이죠!

181

아직 구체적인 윤곽이 드러나지 않은 일은 인큐베이션(incubation),

얼리 스테이지(early stage) 혹은 투자라 부른다.

제대로 되기까지의 청사진,
계획이 있으면 일단 안심.

즉
번데기입니다.

팩스를 보내기 위해 회사에 간다.

지금은 팩스가 가장 어려운 통신 수단이다.
한참을 헤맨다.

삐이이이익 ～～

어르신이 스마트 폰을 터치하는 손동작이 엄청나다.

스마트 폰에서 불이 날 정도의 기세로
손가락을 쉭쉭 그어 댄다.

거래처 방문할 때 들고 가면 좋은 선물 리스트

일머리가 있는 사회인이라면 미팅 자리에 갈 때 기념품이나 선물을 챙겨 갑니다.

그렇다고 아무거나 들고 가선 안 되겠죠.

적절한 선물을 정리해 봤습니다.

(접대용 선물일 테니, 영수증 정산을 잊지 마세요.)

아주
탁월한
선택

- 낱개 포장된 과자, 쿠키류
- 손에 묻지 않는 낱개 포장된 과일류
  → 샤인머스켓

무난한
선택

딱히 좋진 않지만 상대와의 관계, 상황에 따라선 OK.

- 샌드위치류
  → "맛집에서 사 온 거예요."라고 말할 수 있는 관계라면 괜찮다.
- 마카롱
  → 냉장고가 있는 곳이라면 괜찮다.

좋지
않은
선택

- 홀 케이크, 롤 케이크
  → 잘라야 한다. 회사에 칼과 접시가 없으면
     편의점에서 받은 나무젓가락으로 먹어야 한다.
- 바나나
  → 아무래도 단체로 먹다 보면 원숭이처럼 보인다.
- 사과, 배
  → 누군가는 껍질을 깎아야 한다.

이거 다 같이
드세요!

11월

November

원천세를 제한 지불액을 딱 맞게 맞추려 했는데

계산을 잘못해서 어중간한 금액이 된다.

옛날에는 22,222원이면 입금액을 20,000원으로
딱 맞출 수 있었는데 원천세 말고도
다른 세금이 붙으면 계산이 어렵다.

책상 위에 다이소에서 산 서랍장을 두지 않는다.

집처럼 변한다.

편리하긴 하지만
알록달록 아기자기한 모양이
집 같은 분위기를 풍긴다.

뭐든 사분면 분석표에 집어넣는다.

사분면에 집어넣으면 왠지 그럴싸해 보인다.
세로축은 '맛'이나 '가성비'로 잡아 본다.

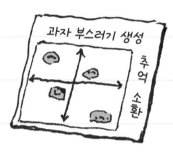

회사 개인 사물함을 보면 그 사람의 집이 보인다.

사물함을 여는 순간 서류로
눈사태를 일으키는 사람도.

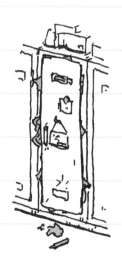

부유한 회사는 간혹 당구대를 설치해 놓기도 하는데

하는 사람은 없다.

어느 순간 철거되고
회의 공간으로 바뀐다.

"80대 20 법칙(파레토 법칙)은 아니지만."이라고

하면서 알고 있다는 전제로 말해 본다. 모르더라도.

그게 뭐냐고 질문을 받으면
"그건 K 씨가 잘 알아요." 하며
다른 사람에게 넘긴다.

사무실 소등 점등 방법, 에어컨 조작법을 알고 있으면

존경받는다.

불을 켜려다 끄고 만다.

거래처에 갔을 때 노트북용 전원은 빌려도 되지만

스마트 폰 충전은 하지 않는다.

"충전하러 왔나 봐." 하고
한 소리 듣는다.

회의하다가 5분 휴식을 제안한다.

화장실에 가고 싶을 때.

1시간에 한 번은
휴식을 취하는 편이
효율적이라고 떠들면서.

일러스트 사이트를 활용하면 그럴싸한 자료가 만들어진다.

흐뭇.

모두 같은 사이트를 이용해
자료가 전부 똑같다.

등 뒤에서 캔 커피를 뺨에 대는 상사는 없다.

드라마에선 퇴근하고 나면
동료들이 모여드는 가게가 있던데
현실에선 없다.

귀신?

5c, 3s 등 말을 만들려다 보니 억지스러운 게

하나 정도 들어간다.

c로 정리하고 싶어서
캘린더(calender)를
집어넣는다든지.

점심 도시락으로 카레는 먹지 않는다.

사무실에 카레 냄새가 진동한다.

저기, 카레 냄새가
났던 곳인데….

아, 6층입니다.

비즈니스 캐주얼은 캐주얼이 아니다.

캐주얼보다 비즈니스에 방점이 있다.

캐주얼 경찰.

11 월 15 일   요일

저작권 회의에서 저작 인격권 얘기를 꺼내면 전문가 같아

보이긴 하겠지만, 바로 씹힌다.

저작권을 잘 아는 듯한
분위기가 물거품이 된다.

아, 그건

저작 인격권….

11 월 16 일   요일

회사 역사 편찬실 같은 건 없다.

한가한 부서의 대명사로
만화나 드라마에 종종
등장하지만 현실엔 없다.

같이 찾으러 가 보자!

11 월 17 일　　　요일

세미나 후 질문하는 사람이 없으면 어색하므로 "질문이 없는

사람은 손을 들어 주십시오." 하고 말해 본다.

"자, 그럼 다들 질문이 있다는 말씀이시죠."라고
말하며 부드럽게 마무리한다. 이때 실제로 질문을
하면 눈총받기 십상이다.

제 사회가
지루했던 분은
손을 들어 주세요.

11 월 18 일　　　요일

현실에는 한복 차림에 지팡이를 짚은 회장님도

없을 뿐더러 청소부로 변신한 사장님도 없다.

외제 차 키를 빙글빙글
돌리며 나타나는
사장 아들도 없다.

신입 사원이
실장님 딸이거나
그런 일도 없다.

피벗(pivot) → 방향 전환, 전략 변경을 뜻함.

카페가 어느 순간 술집이 되는 일.

찝찝한 말도
영어로 하면 편리.

주식회사 피벗

대표 이사

옆 책상의 각 티슈를 한 장 슬쩍 뽑았는데

그게 마지막 장이어서 급 당황.

얼른 편의점으로 사러 갔다 온다.

혹은 다른 각 티슈에서
한 장을 꺼내 옮겨 놓는다.

뒷담화는 페이스북에 적고 나에게만 공개.

SNS에다 중상모략을 일삼다가는
고립된 섬이 될 수 있다.

회사의 비전, 코어 밸류를 언급하면 의욕이 넘쳐 보인다.

메일, 문자 등에 답할 때
'예썰.' 정도는 괜찮다.
'충성.'은 너무 나갔다.

"갈 수 있으면 갈게."라고 말한 사람은

회식에 결코 오지 않는다.

이렇게 말해 놓고 회식에 온
사람은 입사 이래 없었다.

업무 추진비로
처리되면 가겠습니다.

회의 중 "일단 검색은 멈추고 생각을 해 봅시다."라고

제안한다.

다른 사람이 낸 아이디어를 검색하면서
"다른 회사가 이미 하고 있는데요."라며
분위기 흐리는 사람의 입을 닫게 만든다.

자, 여러분
눈을 감고!

11 월 25 일 요일

파워 포인트 달인, 엑셀 장인 등 거창한 별명이 붙으면

귀찮은 일에 많이 불려 다닌다.

번거로운 일을 떠넘기기 위해 별명을 오히려
거창하게 붙인다.

만년 총무.

11 월 26 일 요일

임원용 회의실은 안락하지만 얘기 나누기에는 불편하다.

푹신푹신한 소파를 만끽하다 보면
2분이 지나고.

사내 재난 대응 훈련에는 적극적으로 참여한다.

있는 힘껏 "불이야!" 하고 외친다.

'유행 선도'라는 말이 회의에 등장하면 도망갈 준비.

이상한 프로젝트가 만들어지기 쉬운 단어.

11 월 **29** 일 　　　요일

여기저기 물으며 돌아다니는 일을 히어링,

피저빌리티(feasibility, 실현 가능성) 조사라 부른다.

잡담은 브레인스토밍.

어영부영 질질 끌고 있는 상태를
가리키는 비즈니스 용어.

메디테이션(명상) 중.

11 월 **30** 일 　　　요일

아침에 사무실에서 피로 회복제를 마시는 사람은

대부분 숙취 때문.

개인적인 생각이지만
대체로 맞더라고요.

혹은 감기.

12월

December

12 월   1 일   요일

주어를 확장하려면 포유류 정도로 크게.

'아르바이트 모집,
포유류라면 누구나 가능'이라고 쓴
점장이 사장에게 혼나고 있다.

이왕이면

양서류도 넣을까.

12 월   2 일   요일

독촉할 때는 '독촉하는 것 같아서 죄송하지만'이라고

노골적으로 쓴다.

저야말로

'독촉하는 건 아니지만요. ^^' 하고
말미에 덧붙이는 식으로 은근히.

**변명 같아서
죄송하지만. ^^**

202

한 손으로는 서류를 넘기고 한 손은 계산기를 두드리며

컴퓨터를 보고 있으면 되게 열심히 일하는 것처럼 보인다.

컴퓨터로도 계산 가능한데
전자 계산기까지 동원하면
더 그럴싸해 보임.

달력도 손으로
가리키면서.

벽 전체를 화이트보드로 해 놓았는데도 꼭 벽에다 쓰는

사람이 있다.

억지로 지우려다 번져서
더 지저분해진다.

여기는
벽입니다.

12 월 5 일 요일

정말로 거절하고 싶은 일을 제안받았을 때는

"그날, 천장 누수 공사가 있어서."라고 말해 본다.

"그날은 엄마를 병원에 모셔 가야 해서.",
"아, 법원에 가야 하는 날이라." 등등도 좋다.

할머니 제사라서.

12 월 6 일 요일

맞장구 대신에 "천재다!"라고 말해 보자.

반응이 나쁘지 않다.

'천사'는 애매하다.

"천재 아냐!",
"천재가 아니고서야 어떻게? 대단한데!" 등등.
분위기가 훨씬 유쾌해진다.

A4 용지 네 장을 축소해서 A3 한 장에 모아 놓으면

왠지 멋져 보인다.

그럴싸한 레이아웃은
학교뿐 아니라 회사에서도 유효.

정량 평가가 미흡할 때는 '이용자의 목소리' 등

정성 평가를 많이 추가한다.

'편리해서 잘 쓰고 있습니다.' 등
단 한 사람의 후기라도
좋은 인상을 남길 수 있다.

저는 좋아합니다.

출장 가서 비즈니스 호텔에 묵을 예정이라면 멀티 콘센트를

챙겨 간다. 비즈니스 호텔에는 콘센트가 몇 개 없다.

욕실 입구 옆 콘센트로
휴대 전화를 충전하다
발로 밟고 말았다.

사외비보다 관계자비가 비밀 유지 가능성이 높다.

'취급 주의'라고 적힌 서류도 있는데,
'절대 던지지 마시오.'
이런 뜻일 리는 없다.

우리끼리 비밀인데.

12 월 11 일 　　　요일

헤드셋을 쓰고 미팅하는 척하면서 음악을 듣는다.

회사에서 헤드폰을 쓰는 것은
용기가 필요하지만
헤드셋이라면 괜찮다.

12 월 12 일 　　　요일

보너스가 나온 뒤 그만두는 사람이 많다.

퇴사 붐이 일어서 퇴사 선물로 돌리는
과자 등 간식이 풍성해지는 시기.

12 _월 13 _일　　　요일

무리하고 싶지 않을 때는 '워라밸', '지속 가능성'이라고

말해 본다.

"이 일을 계속할 수 있을지
모르겠습니다."는 지속 가능한
구조를 강구하는 말.

아,
지속 가능성을
위해서입니다.

12 _월 14 _일　　　요일

임원 워크숍에서는 젊은 나이에 임원이 된

촉망받는 신예가 잔심부름을 한다.

회의 후 디저트를 사러 돌아다닌다.

12 월 15 일 　　　요일

사장님 블로그는 어설프기 짝이 없다.

글씨체가 고루해서
최소 10년 전 문서처럼 보인다.

초점이 안 맞는 사진을
덕지덕지 도배한
것보다는 낫지만.

12 월 16 일 　　　요일

'직접 찾아뵙고 말씀드리는 게 도리인 줄 압니다만.'이라는

인사치레를 곧이곧대로 해석해 직접 찾아가면 깜짝 놀란다.

'밥 한번 먹자.'와 같은 상용구.

12 월 17 일   요일

내선 전화 연결을 하다 그냥 끊어 버린다.

신입 사원의 통과의례.
10년차 직원도 종종 저지르는 실수.

12 월 18 일   요일

사보에 실릴 자기소개에 너무 힘주지 말자.

할로윈 복장이나 잔뜩 멋 부린
파티 의상을 입고 찍은 사진을 보면   반려견과 함께한
마음이 아프다.   정도가 가장 무난.

12 월 19 일   요일

네 잘못이 아니라고 하더니, 회의에서 실수가 까발려지는

굴욕을 당한다.

그런 회의에선 어떤 표정을
지어야 할지 난감.

12 월 20 일   요일

사무실 창문은 함부로 열지 말자.

경비원이 달려오는 수가 있다.

함부로 열면 안 되는 문도 있다.

211

회사 빌딩 정문으로 손수레를 끌고 들어오려다 제지당했다.

손수레는 지하층에 위치한
클럽 입구 비슷한 곳으로 출입.

상담실이라 불리는 비밀스런 작은 방이 있다.

실제로 상담하는 걸 본 적은 없다.
스티커 작업 등을 할 때 이용.

정장 차림의 모르는 사람들이 계속 사무실에 있다면

회계 감사 중.

일주일 정도 회의실을
점거한 채 서류를 본다.

PC에서 보내는 메일에도 '나의 iPhone에서 보냄'이라고

적어서 바쁜 척한다.

사무실에 있으면서
'이동 중이라 나중에 확인하고
회신드리겠습니다.'라고
써서 보낸다.

별명이
'iPhone에서 보냄'이
되었습니다.

12 월 25 일　　요일

넵무새*, 흙턴*, 샐러던트* 등 신조어 만드는 걸

좋아하는 동료를 멀리하도록.

머지 않아 책을 썼다고 구입을 강요할지도.

*넵무새: '넵'과 '앵무새'의 합성어로
　넵이라는 대답을 반복하는 사람.
*흙턴: 허드렛일만 하는 인턴.
*샐러던트: 직장을 다니면서 공부하는 사람.
*알잘딱깔센: 알아서 잘 딱 깔끔하고
　센스 있게의 줄임말.

알잘딱깔센*

12 월 26 일　　요일

연말에 다 못 끝낸 일을 "그건 내년에." 하고 미루는데,

아마 내년에도 안 할 확률 100퍼센트.

해가 바뀌면 까맣게 잊는다.

12 월 27 일　　요일

송년회 시기를 놓쳐 신년회를 한다.

새해 연휴에는 한가해지므로
신년회 약속을 잡는 게 훨씬 수월하다.

12 월 28 일　　요일

타 부서와 업무 추진비로 근사한 레스토랑에서

점심 회식을 하는 일 → 시너지 창출.

시너지,
어디든 갖다 붙이기 좋은 말.

아, 죄송하지만 내역은
'시너지 창출비'로
부탁합니다.

"근처에 왔다가 들렀습니다."는 "실례합니다."와 같은

인사말.

최강 영업 사원은 이 말을 하며
외진 창고, 숲속, 사막
어디든 들른다.

연내에 끝내겠다고 장담한 일을 오늘 보낸다.

아슬아슬 세이프(아웃인가).

연말, 아무도 재촉하지 않아서인지
일이 잘된다.

보내기… 꾹.

휴일 동안 집에서 하려던 일이 가방에서 나온다.

이걸 어떻게 하려고 했었는지
잘 생각나지 않는다.

월　　　일　　　요일

독촉 문구 쓰는 법

독촉은 받는 쪽보다 하는 쪽이 괴롭습니다.
매번 "얼마나 됐어요?"라는 말만 반복하지 말고 다양한 표현을 준비해 둡니다.

- 갑자기 생각났는데, 그 건은 이미 보냈다고 하셨나요?

- 스텝들 대기시켜 놓고 기다리고 있어서요. 죄송합니다, 재촉하는 것 같아서.

- 저는 괜찮은데 상사가 5분에 한 번씩 물어보네요.

- 관계 부서 일정 때문에 내일 아침까지 꼭 보내기로 했습니다.
  그러니 시간 엄수 부탁드립니다!

- SNS에 글 올리신 거 보고 다 끝내신 건가! 싶어서 기쁜 마음에 연락드렸습니다.

- 저희 쪽 인터넷 상황 때문인지 모르겠지만 메일이 안 들어와서요.

- 계약 부서 쪽에서 마감 날짜 지키라고 두 눈 부릅뜨고 있어서,
  설명은 해 두겠지만 서둘러 대처해 주시면 고맙겠습니다.

- 답신 기다리느라 아이 생일인데도 못 갔습니다. 지금이라도 보내 주시면
  고맙겠습니다.

- 어젯밤 꿈에 나오더라고요.

에필로그

프롤로그에 회사원이라고 썼습니다만, 이 책을 만드는 사이에 회사를 그만뒀습니다. 이런 것들만 실천하고 있어서 그랬을까요. 하지만 이런 소소한 팁 덕분에 회사를 떠나는 순간도 아름답게 마무리할 수 있었습니다.

비단 직장인뿐만 아니라 사회생활을 해 나가는 모든 사람이 한 번쯤 맞닥뜨렸을 여러 상황을 이 책에 담았습니다.

어제도 젊은 헤어 디자이너에게 좋아하는 음식이 뭐냐고 물으며 대화의 물꼬를 터 한참 얘기를 나눴습니다. 인간의 모습을 하고 지구에 온 외계인에게도 추천합니다. 미용실을 방문할 때, 지구 침략자에 대응할 때 등 폭넓게 활용해 주시기 바랍니다.

그림을 그려 준 요시타케 신스케 씨를 비롯해 멋진 팀을 만나 책을 만드는 과정을 함께할 수 있어 무척 행복했습니다. 지난 30년, 회사라는 울타리 안에서 동고동락했던 상사, 동료, 후배들에게도 깊이 감사드립니다.

아침마다 회사 앞에서 출근 말고 퇴근을 외치고 있을 당신에게 이 책을 바칩니다.

세상은 거대한 주식 회사!

유용한 메모

- 마지막으로 퇴근할 때 체크할 것들

- 회사 주소, 전화번호, 계좌 번호

- 복사기, 문서 세단기가 고장 났을 때 연락처

- 사내 전자 결재 시스템 ID, Password

- 비목, 코드 일람표

- 신조어 리스트

- 인원 수별, 메뉴별 회식 장소 리스트

- 화내지 않고 들어 주는 사람

- 내선 연결 방법

글 **하야시 유지**

자칭 비즈니스맨. 1993년부터 30년 동안 회사 생활을 했다. 지금까지 온라인 데이터 베이스 법인 영업, 온라인 쇼핑몰 운영, 웹 미디어 편집 등의 업무를 담당했다. 회사 생활을 떠올리면 연수 시설을 찾아가다가 길을 잃어 깊은 산속을 헤매던 중, 들개가 짖는 소리에 온몸이 얼어붙었던 일이 가장 기억에 남는다. 2024년, 〈데일리 포털 Z〉를 창간하면서 독립했다. 정년이 없어졌으니 평생 비즈니스맨을 자칭하며 살아가려 한다.

그림 **요시타케 신스케**

그림책 작가이자 일러스트레이터. 저서 다수. 회사 생활은 딱 반년 했다. 기간은 짧지만 회사를 다니는 동안 사회인으로 살아가는 데 필요한 모든 것을 익혔다. 회사 생활의 스트레스를 발산하기 위해 그린 그림 덕분에 퇴사 이후 일러스트레이터가 됐다. 지금의 내가 있는 건 짧지만 강렬했던 회사 생활 덕분이다. 회사에 감사한다.

옮긴이 **양지연**

좋은 책을 우리말로 옮기는 번역가. 대학교에서 정치외교학, 북한대학원에서 문화언론학을 공부하고 공공기관에서 홍보와 출판 업무를 담당했다. 하루 중 잠자기 전 아이와 함께 그림책 읽는 시간이 가장 행복하다. 《이게 정말 마음일까?》《만약의 세계》《그 책은》《추억 수리 공장》《어이없는 진화》《아빠는 육아휴직 중》《정원 잡초와 사귀는 법》《더우면 벗으면 되지》 등을 번역했다.

오늘도 무사히 퇴근했습니다

1판 1쇄 인쇄 | 2024. 12. 6.
1판 1쇄 발행 | 2024. 12. 16.

하야시 유지 글 | 요시타케 신스케 그림 | 양지연 옮김

발행처 김영사 | **발행인** 박강휘
편집 김인애 | **디자인** 윤소라 | **마케팅** 이철주 김나현 | **홍보** 조은우 육소연
등록번호 제 406-2003-036호 | **등록일자** 1979. 5. 17.
주소 경기도 파주시 문발로 197(우10881)
전화 마케팅부 031-955-3100 | 편집부 031-955-3113~20 | 팩스 031-955-3111

값은 표지에 있습니다.
ISBN 979-11-7332-017-0 13320